AF250663

PEUPLE ET ROI

NIMES. — TYP. ROGER ET LAPORTE.

PEUPLE & ROI

PAR

F. CAUCANAS.

—∞§∘§∞—

NIMES

IMPRIMERIE ROGER ET LAPORTE

Place Saint-Paul, 5.

—

1871

» Un roi, c'est un homme qui dispose en maître absolu de la fortune, de l'honneur et de la vie d'un peuple. Et pour cela quels sont ses titres? Aveuglé par l'ambition, il est toujours inintelligent ou fou ; corrompu par les flatteurs, il est toujours plus immoral que le dernier de ses sujets.

» Un roi, c'est un homme qui gorge d'or ses amis, ses valets, ses maîtresses; qui emprisonne, exile ou fait périr ceux qui lui déplaisent ou qui sont assez audacieux pour ne pas l'admirer.

» Un roi, c'est le dernier reste de la barbarie et de l'esclavage, l'adversaire acharné du progrès et de la civilisation. Le roi, c'est l'ennemi.

» Le roi, c'est la guerre à perpétuité: sans les rois, sans leur sotte ambition, sans leurs folles querelles, la guerre n'existerait plus.

» Le roi, c'est la révolution en permanence ; sans les rois, sans leurs cruautés et leurs injustices, les peuples vivraient en paix sans autre souci que de travailler à leur grandeur et à leur prospérité.

» Le roi, c'est, tôt ou tard, le désastre, l'invasion; c'est 1871. »

L. GIROD.
(Liberté de l'Hérault.)

Vous le voyez : un roi, qui n'est, de par la nature, ni plus, ni moins que vous, que moi, par notre bêtise est tout, et nous, qui sommes tout, nous ne sommes rien. Et c'est nous, peuple, qui donnons le bâton pour nous faire battre.

———

Vouloir un roi, c'est abdiquer tous ses droits, et

en premier lieu, celui qui tient le plus au cœur de tous : le droit de posséder.

Nous n'avons qu'à prendre notre histoire, ainsi que celles de toutes les nations qui ont vécu sous des rois prétendus de droit divin, pour voir qu'il n'y a pour les peuples, sous un tel régime, que misère et servitude.

Jusqu'en 1789, le peuple ne fut en France rien autre chose que la bête de somme de ses rois et seigneurs; il ne pouvait travailler que pour eux, et s'il possédait parfois, c'était que ses maitres et seigneurs le voulaient bien.

———

Vouloir un roi, c'est vouloir renoncer à disposer de sa bourse, c'est mettre sa vie à la merci d'un autre.

D'ordinaire, il est vrai, le roi se contente de prendre notre bourse; il veut bien nous laisser la vie — tant qu'il n'a pas besoin de nous la prendre.

Car il faut bien qu'il nous épargne, nous morts, nous ne lui serions plus bons à rien.

Il nous laisse donc la vie, parce que notre vie lui est nécessaire; il nous laisse la vie pour que nous travaillions sans relâche à remplir notre bourse, lui se charge de la vider.

Et prenez garde de ne pas vouloir l'y laisser puiser, surtout si vous êtes seul ou si vous n'êtes qu'un petit nombre : il a votre vie pour garant, et il ne craindra pas de jouer la vie des autres pour vous mettre à la raison. Il les contraindra à marcher contre vous lors même qu'ils ne le voudraient pas; mais, le plus souvent, il n'a pas besoin de les y contraindre ; il lui suffit de les égarer.

Il n'a qu'à mettre en péril l'existence des contents vis-à-vis de celle des mécontents et la farce est jouée. La vie des uns est la garantie de l'asservissement des autres.

Si nous avons le malheur de lui dire : tu nous fais payer bien cher le plaisir de t'avoir pour roi, il commence par renforcer sa milice, et nous voilà obligés de payer davantage. Plus il trouve de récalcitrants, plus il lui faut de soldats pour se soutenir ; et comme il faut que tout cela se paie, les impôts augmentent toujours, les mécontents aussi. Mais il sait bien trouver dans nos poches de quoi payer tous ceux qui lui sont nécessaires pour soumettre les autres. Outre ses soldats, il a ses valets, ses bourreaux. Il emprisonne, il fusille.

Les prisons d'Etat, les marécages de Sinnamari, les déserts de Lambessa, les pontons de Brest entretenus à nos frais, tout cela lui sert à se mettre à l'abri de ces insolents qui ont osé réclamer leurs droits.

Il est vrai que la majorité d'entre vous, pour ne pas dire tous, ont été élevés dans la croyance que les rois étaient usufruitiers naturels de leur royaume ; que les rois étaient les mandataires, les représentants de Dieu sur la terre. Pour beaucoup encore cette idée domine toutes les autres.

A ceux-là je leur dirai : Eh quoi ! vous ne voyez pas que nous naissons tous égaux, vous voulez que Dieu qui est si grand, si juste, donne le pouvoir absolu à un seul homme de gouverner à son gré, bien ou mal, selon son caprice, 20, 30, 40 millions d'individus.

Vous ne voyez pas que vous avez autant de droits à être roi de France que tous les Henri, les Philippe ou les Charles du monde entier.

Pouvez-vous croire que l'on naît prince ou marquis, chapelier, sabotier ou tout autre chose? je ne le pense pas ; et pourtant il y en a beaucoup parmi vous qui se font les champions d'une pareille absurdité.

Ce serait bouffon, si ce n'était triste ; — car, notez le bien, et gravez le bien dans votre esprit : nous ne devons nos révolutions qu'à ce malentendu, à cette erreur grossière, qui consiste à faire d'un homme un demi Dieu.

Je sais que beaucoup d'entre vous me diront :

« Nous ne croyons plus à cette balançoire du droit divin et si nous faisons semblant d'y croire, c'est que nous pensons qu'une monarchie, quelle qu'elle soit, vaut mieux qu'une république ; que le caractère Français est trop léger, trop frivole pour qu'il puisse s'établir en France une république durable ; qu'il faut un souverain au bras de fer pour maintenir l'ordre, ramener la confiance et créer l'unité qui nous fait défaut. »

Moi je puis vous répondre : nous l'avons eu cet homme, ce roi au bras de fer, et vous voyez où il nous a conduits. — Mais, me direz-vous, c'était un chenapan, tous les rois ne lui ressemblent pas. Il est bien permis d'espérer, il est même probable, que nous ne tomberons pas toujours aussi mal. — Ecoutez bien ce que je vais vous dire à ce sujet. Si vous voulez bien réfléchir à ma réponse, la méditer sérieusement, j'ose espérer que vous serez à jamais guéris de cette maladie qui consiste à désirer un roi.

———

Jadis on avait foi en son roi, comme on avait foi en son Dieu, ou pour mieux dire, en sa religion; on se croyait des parias, des esclaves et, selon le caractère plus ou moins digne dont la nature avait doté chacun, la force aidant, on se soumettait aux idées du temps. Mais les exigences du roi, des nobles et des prêtres devinrent si écrasantes par le nombre toujours croissant de ces derniers, que le peuple qui avait bu la coupe jusqu'à la lie et qui la voyait toujours pleine se révolta, détrôna son Dieu-roi, fit la révolution de 89. Le roi détrôné, la majesté du trône n'exista plus. — Les rois, une fois tombés, on a beau les étayer, les replâtrer, ils ne peuvent plus être relevés. — 89 a tué et bien tué la monarchie; elle n'est plus possible en France. — On a bien essayé, sur la souche morte, de greffer la monarchie, dite constitutionnelle, elle n'a abouti qu'à des révolutions; elle nous a donné l'empire, cette forme monstrueuse du régime que vous vantiez tout à l'heure avec votre souverain au bras de fer.

———

— Mais, dites-vous, l'expérience nous a éclairés. Nous avons vécu vingt ans, courbés sous cette ignominie; nous voyons où cela nous a conduits, cela ne peut plus se renouveler. — Je suis parfaitement d'accord avec vous et c'est pourquoi un roi, quel qu'il soit, ne pourra régner plus de 24 heures en France, à moins qu'il ne soit encore pire que Napoléon III. — Cela vous étonne et vous vous écriez : Mais pourquoi ? — C'est ici que je vous prie de prendre votre courage à deux mains et surtout de méditer ce que je vais vous dire.

———

Napoléon III a été un tyran de la pire espèce. Il a violé tous les serments, violé toutes les lois, et, ce qu'il y a de plus monstrueux sous son règne, il a livré son pays à l'invasion. Est-ce bien sa faute, rien que sa faute ? — Notez bien que je ne prends pas sa défense, on ne prend pas la défense d'un lâche, — non, mais il y a aux événements de ce monde des causes supérieures à l'homme, des causes qui s'imposent d'elles-mêmes et que nulle force humaine ne saurait arrêter.

Qu'un enfant naisse, s'il nait non viable, des soins bien dirigés pourront prolonger son existence de quelques heures, mais il mourra quoi qu'il en soit. Une monarchie en France est aujourd'hui comme cet enfant : elle naît non viable, par rapport au milieu social dans lequel elle est appelée à se développer; car, ce qu'il lui faudrait y trouver avant tout, c'est la foi; elle ne l'y trouve pas, et ne saurait la créer; la foi, c'est le dévouement de l'esclave, on ne le paie pas.

Alors, pour remplacer la foi qui manque, pour soutenir le trône de plus en plus menacé, à mesure que le temps marche, par les révoltes de cet infernal esprit moderne qui ne respecte plus les vieux fétiches, il faut avoir recours à la force. L'impôt du sang augmente et celui des deniers. Ils finissent tous deux par devenir scandaleux ; à part ceux qui mangent au ratelier, tout le monde crie ; dès lors le roi a d'autres soucis que de garantir la nation contre les attaques de l'étranger , il a des intérêts plus chers à sauvegarder : les siens propres, ceux de sa dynastie. Ne le voulut-il pas, il lui faut gaspiller l'argent de son peuple pour acheter le concours de ceux qui sont disposés à se vendre et payer ses valets, depuis le mouchard jusqu'au chambellan. Il ne saurait se passer de ces gens-là. Il est sur la pente, il faut qu'il y glisse. Cet homme,—qui pouvait, avant d'être roi, être doux, humain, même bon ; qui n'eût fait de mal à personne, tant qu'il n'était que simple citoyen, — lorsqu'il est revêtu de la pourpre royale, ne craint plus de signer les ordres criminels qu'on lui représente nécessaires ; c'est d'abord avec peine, je le veux, mais bientôt, c'est sans trop y prendre garde, et il finit par trouver cela tout naturel ; bien plus, il finit par se faire illusion et croire qu'il accomplit un devoir.

N'a-t-il pas pour l'éblouir la pourpre royale, ce manteau fascinateur , et toutes les splendeurs du trône ? Tous ceux qui l'entourent ne lui crient-ils pas : vous êtes le sauveur de la France, sans vous il n'y aurait que confusion et ruines ?—Comme il est homme, il finit par se croire supérieur à tous les autres hommes. Dès lors, comment tolérerait-il une résistance ? Il faut que tout se courbe ou se brise.

Plus les obstacles sont grands et nombreux, plus il lui faut s'entourer d'hommes à lui dévoués, — c'est-à-dire dévoués à son argent, aux faveurs qu'il leur dispense, — d'hommes sans foi ni lois, qui ne craignent ni Dieu ni diable, et sachent mettre les mécontents à la raison, n'importe par quels moyens.

————

Ainsi dans notre France, qui ne croit plus ni au droit divin, ni aux hommes providentiels, un roi en est bientôt réduit à la nécessité de ne s'occuper que de sa sûreté personnelle et dynastique, d'abandonner les intérêts du pays pour les siens, de briser par tous les moyens en son pouvoir tous les obstacles qu'il rencontre.

Et alors que devient la nation? Où va-t-elle? Nous le savons maintenant : elle va où l'empire nous a conduits.

————

Vous le voyez, ce n'est pas uniquement à Napoléon III qu'il faut nous en prendre de la situation où nous sommes, c'est à notre époque, à la fausse situation qu'aura en France toute monarchie.

Si nous faisions aujourd'hui la folie de replacer un roi sur le trône, la France serait immédiatement, inévitablement perdue. Nous pouvons encore, si nous le voulons, la relever, la rendre même plus grande qu'elle n'a jamais été, mais il faut pour cela qu'elle garde la possession d'elle-même.

Une royauté, n'importe laquelle, n'a plus de chance de durée en France. Notre instruction politique n'est peut-être pas assez avancée pour avoir la République, elle l'est trop pour supporter une monarchie.

————

Ce n'est que par des lois draconiennes qu'une monarchie peut se maintenir quelques années ; par la douceur, la persuasion elle ne peut vivre que quelques jours.

Dans un cas comme dans l'autre, une révolution viendra toujours qui la renversera, et la France a déjà trop énervé ses forces dans les révolutions périodiques qu'elle a eues à supporter, pour ne pas reculer devant un pareil avenir.

Qui oserait le nier, qu'une royauté rétablie en France, c'est une nouvelle révolution que nous nous créons à bref délai ? — Donc, vouloir un roi, c'est vouloir laisser ouverte l'ère des révolutions. — Réactionnaires, que vous le vouliez ou non, c'est vous qui êtes les vrais révolutionnaires.

Toujours et aujourd'hui plus que jamais, je me demande s'il peut bien y avoir en France un seul homme qui, n'ayant aucun titre de noblesse, n'é- tant ni duc, ni comte, ni baron, n'ayant à espérer de la royauté ni concessions ni priviléges, puisse se dire et se faire le défenseur de la légitimité.

Il y en a pourtant, et ce fait, qui peut vous paraî- tre à vous fort naturel, est de plus en plus renver- sant pour moi ; j'ai beau me creuser la tête, je ne puis parvenir à voir les motifs qui les y portent, les raisons qu'ils peuvent invoquer.

Ce n'est pas, je suppose, l'intérêt de la France, le souci de son influence, de sa grandeur ; il faudrait admettre qu'ils ne connaissent pas les premiers mots de son histoire, ou qu'ils ont oublié combien de fois la folie ou les crimes des rois ont mis la

France sur le bord de l'abîme, combien de fois elle eût été perdue, par la faute des rois, sans l'énergie et la bravoure du peuple.

Pourraient-ils dire que la monarchie légitime représente plus de bien-être, plus de tranquillité publique, plus de sécurité, de garantie personnelle ? Pas davantage.

Qui ne sait que toutes ces choses ont doublé depuis 89 ?

Qui ne sait, qu'à part les guerres du premier empire, les désastres qu'a amenés le second, malgré toutes nos révolutions, la tranquillité, n'a jamais, en somme, été plus grande que depuis 89?

Qui ne sait enfin que c'est de 89 seulement que datent, pour le peuple, les garanties individuelles ?

Donc, si nous n'avons fait que gagner avec la révolution de 89, comment peut-on souhaiter de revenir au régime qu'elle a renversé?

Nous étions des esclaves, elle nous a rendus libres. Nous n'étions rien et nous sommes tout.

Et l'on pourrait ne pas s'étonner de voir qu'il y ait des hommes prêts à soutenir et à défendre les hommes et les choses qui nous rendaient malheureux !

Montrez-moi un homme sain d'esprit qui consente à travailler pour le bon plaisir d'un seul, à se donner lui, sa femme, et ses enfants, à donner les revenus ou les épargnes qui peuvent lui revenir de son travail ou de ses propriétés pour satisfaire aux caprices de cet individu et augmenter ses richesses, alors je comprendrai, qu'il y en ait qui se fassent les défenseurs d'un roi prétendu légitime.

Vous tous qui vous dites légitimistes, avez-vous

jamais pensé à ce que vous faites quand vous parlez ainsi ? Vous ne faites rien moins que cet homme, vous donnez votre liberté, votre femme, vos enfants, vos propriétés, et non contents de donner tout ce qui vous appartient, vous aidez à voler aux autres ce que, vous, vous cédez de votre propre mouvement.

Le croyez-vous ainsi? Non certainement, et si vous arriviez un jour à soupçonner cette dure vérité, il vous serait trop pénible de ne pas l'avoir reconnue plus tôt.

———

Vous croyez peut-être ne vous donner qu'à un seul; vous vous dites: je suis bien à la merci de mon roi, je suis sa propriété, son esclave, mais il a 20, 30, 40 millions de sujets ; avant que ses caprices s'appesantissent directement sur moi j'ai le temps d'attendre ; je puis espérer mourir sans avoir ressenti ses atteintes.

Vous croyez n'avoir qu'un seul maître; vous ne prenez pas garde que du premier ministre au plus petit des employés, tous sont vos maîtres; le roi leur fait part à tous de son autorité; son employé, c'est lui; à tous vous devez obéissance immédiate et passive; — vous pensiez n'avoir qu'un seul maître et vous en êtes entourés.

———

Ce n'est pas tout encore. Il y a les grands seigneurs, les ducs, les comtes, les marquis, toute cette série de gens à priviléges qu'une royauté traîne après elle, et devant lesquels vous n'êtes rien.

Ne croyez pas qu'une royauté puisse exister sans cela. Il faut bien qu'elle récompense ses fidèles , qu'elle donne à ses courtisans les hochets qui flattent leur vanité , les priviléges, but de toutes leurs convoitises, récompenses de leurs bassesses.

Tout s'enchaîne en ce monde ; une tyrannie en engendre une autre , un seul maître vous en crée des milliers.

Vous rappelez-vous ce qu'étaient autrefois ces seigneurs, cortége des rois par la grâce de Dieu. Ils avaient des droits : la dîme , la main-morte , la corvée, etc., etc., des prérogatives tellement immorales que ma plume se refuse à en écrire les noms et qu'un roi seul est capable et digne d'en donner de pareilles. N'est-ce pas drôle à faire peur de voir des hommes qui n'ont qu'à y perdre se faire les défenseurs de pareilles infamies ?

Je sais que quelques-uns d'entre vous me diront qu'il ne faut pas prendre les choses trop au pied de la lettre, que bien peu de seigneurs se servaient de tous les droits que leur avait octroyés le roi. — Vous trouvez donc la chose monstrueuse, c'est bien ! mais qu'ils en aient usé ou non, du moment où ils en avaient le droit, cela suffit pour flétrir le régime qui leur donnait ce droit.

J'entends souvent parler, par les gens intéressés à vanter ce régime, de la tranquillité du bon vieux temps ; les crédules se laissent aller à répéter que, si l'on avait moins de liberté, on vivait plus tranquille. Erreur monstrueuse que j'ai déjà signalée et sur laquelle je ne saurais trop revenir. L'histoire de France c'est le récit des souffrances, du long martyre du peuple Français. Guerres de peuple à peuple, guerres intestines, guerres de religion, guerres de peuple à seigneur, guerres de seigneur contre le roi, guerres toujours et partout, voilà la paix, la tranquillité que nous avons eues pendant les quinze ou seize siècles de notre histoire.

Et vos garanties personnelles, où donc étaient-elles ? Où résidait la justice ? Entre les mains des seigneurs. Ils avaient le droit de se faire justice à eux-mêmes, malheur à qui osait leur désobéir ! Les exécuteurs de leur tyrannie, les soldats, les valets, ne leur manquaient pas. Que vous le vouliez ou non, sous le régime du bon plaisir, il faut être victime ou bourreau.

———

Depuis 89 tous les gouvernements ont été obligés de nous donner un semblant de liberté, et, d'un autre côté, ils ont été forcés de nous ôter d'une main ce qu'ils nous avaient donné de l'autre, monarchie et liberté étant incompatibles. — Toujours entre ces deux principes opposés une collision est devenue inévitable ; entre la nation réclamant la liberté, la monarchie qui ne pouvait l'accorder, la position devenait intenable, pour en sortir, il fallait une révolution d'en bas ou bien d'en haut, le triomphe du pouvoir ou de la liberté.

La liberté est restée presque toujours maitresse du terrain, mais la réaction a su si bien manœuvrer, qu'elle l'a empêchée de profiter de ses victoires et a rendu nécessaires de nouvelles révolutions.

Peuple, souviens-t-en, une monarchie que tu te donnes c'est une révolution que tu te prépares ; si quelqu'un y gagne, ce n'est pas toi.

———

Je me répète souvent, je le sais, ce n'est pas sans le vouloir. Je n'écris pas pour les lettrés, mais pour ceux qui, comme moi, n'ont reçu que fort peu d'instruction ; si je me répète, ce n'est que pour me faire mieux comprendre.

———

Il n'est pas rare de voir aujourd'hui des gens qui, de la meilleure foi du monde, vous disent : Nous avons trop de liberté et notre mal vient de là ; ils ne voient pas, ne comprennent pas qu'ils ont pris le mot pour la chose, qu'ils ont pris pour réalité la parodie que depuis 89 tous nos gouvernements en ont donnée.

89 fut une immense révolution ; la licence y coudoya la dictature ; le directoire ne fit que passer pour faire place à la tyrannie du premier empire ; vint la restauration qui commença par donner une ombre de liberté pour en arriver aux ordonnances de juillet ; la monarchie de 1830 ne fut qu'un perpétuel escamotage ; la république de 48 fit comme les roses, elle ne vécut que l'espace d'un matin ; vint enfin le second empire et nous savons tous ce que ce système hybride a produit.

Voilà ce que certains nomment avoir eu trop de liberté.

———

La France peut dire, je n'ai pas encore joui de la liberté pas plus que de la république ; je l'ai entrevue, mais je n'en ai pas goûté les fruits ; 89 ne fut qu'un long et pénible enfantement d'une phase nouvelle, d'un état de choses nouveau ; 48 ne fut qu'un germe étouffé à sa naissance.

Quand donc verrons-nous le beau soleil de la liberté resplendir pour ne plus s'éteindre sur notre belle patrie? Quand donc pourrons-nous dire : nous sommes libres et citoyens d'un pays libre? Le pourrons-nous jamais ?

Nous avons été la proie des hommes du Nord ; ne le serons-nous pas bientôt encore de nouveau? Nos discordes, nos guerres civiles ne peuvent que nous y conduire.

Ne nous arrêterons-nous pas sur cette pente fatale? Faudra-t-il que cette grande nation, cette reine des nations tombe pour ne plus se relever?

Non, cela ne peut être, la France n'a pas encore achevé son œuvre.

« La France, a dit Proudhon, a été donnée en exemple aux nations. Dans son abaissement, comme dans ses gloires, elle est toujours la reine du monde. Si elle s'élève, les peuples s'élèvent avec elle ; si elle descend, ils s'affaissent. Nulle liberté ne peut être conquise sans elle, nulle conspiration du despotisme ne prévaudra contre elle. Etudions les causes de notre grandeur et de notre décadence, afin que nous soyons fermes à l'avenir dans nos résolutions et que les peuples, sûrs de notre appui, forment avec nous, sans crainte, la sainte alliance de la liberté et de l'égalité. »

Non, la France n'a pas fini son œuvre de moralisation et de civilisation.

Vous, hommes du passé, monarchistes de tous les calibres, hommes de Dieu, conducteurs des peuples, ne voyez-vous pas que vos caprices, vos rêves de domination ne peuvent qu'entraîner, que vous réussissiez ou non, la France à sa ruine en l'ensevelissant sous toutes vos folies?

Oui, c'est à vous, prêtres, rois, seigneurs, que nous devons toutes nos discordes, nos guerres civiles, nos malheurs. — Vous dites : non, c'est la révolution qui en est cause; qu'elle abdique et nous vivrons en paix!

Aveugles que vous êtes, ne voyez-vous pas que vous êtes le passé, la mort ; que les idées nouvelles sont l'avenir, la vie? On ne fait pas remonter l'eau vers sa source, on ne peut donner le souffle à un cadavre.

Parce que vous voyez vos idées, vos rêves s'engloutir dans le vide du temps, vous dites : périsse plutôt la France! Vous êtes morts, mais vous voulez avant de tomber dans l'abîme entraîner quelques victimes; vous êtes jaloux de votre passé; vous avez commencé par des hécatombes et vous voulez mourir dans la destruction.

Que vous importe que la France reste grande sans vous et se guérisse sans votre secours? Il vous faut dominer; ce n'est qu'à vous qu'il appartient de tout sauver, la société et les âmes.

Tous les peuples qui n'ont pu se dérober à votre joug ont été de tout temps misérables: voyez l'Espagne, l'Italie, l'Autriche, etc. Voudriez-vous en faire autant de la France? Non, la France qui, la première dans le monde, a proclamé les droits de l'homme ne saurait périr.

Et toi, peuple, quand donc pourras-tu discerner
tes amis de tes ennemis? Tu regardes l'homme et
tu dis : partout il y a du bon, partout il y a du mau-
vais. Ce n'est pas là ce que tu dois considérer :
Regarde le principe, l'homme n'est rien. Les mo-
narchies travaillent dans leurs intérêts, elles ne
peuvent donc travailler dans l'intérêt du peuple ;
une République basée sur les principes de 89, ne
peut travailler que dans l'intérêt de tous.

Les rois, les prêtres, les seigneurs travaillent dans
leur intérêt, et toi, peuple, tu ne travaillerais pas dans
le tien ! Ta dignité te le commande, ton devoir te
l'impose ; quand tu abandonnes tes droits tu com-
mets un double crime, tu te suicides moralement
et tu sers d'instrument pour l'asservissement des
autres.

———

Hommes du peuple qui criez contre la Révolution
et qui marchez contre elle, sachez-le une fois pour
toutes: c'est vous qui êtes la seule cause des révolutions, et non ceux qui sont obligés de les faire ;
rappelez-vous, si vous voulez les éviter, qu'un roi
peut abdiquer, que la liberté ne le peut pas.

Si vous voulez éviter les révolutions, trois choses
vous sont nécessaires: ne plus croire un roi de
toute nécessité, le prêtre un demi-dieu, et la République un fantôme.

———

Un dernier mot :

A vous, riches, je dis : vous n'avez rien à perdre
avec la liberté, vous pouvez y gagner la tranquillité
durable qu'elle seule peut vous donner ;

A vous, ouvriers : vous n'avez rien à perdre et tout à gagner avec elle, mais n'oubliez pas qu'à chaque droit est indissolublement lié un devoir ;

A vous, prêtres et seigneurs : il vaut mieux être petit maître que grand valet.

A tout bon entendeur, salut et fraternité.

F. CAUCANAS.

NOTA. — Je n'ai pas touché à la religion dans cet opuscule, pour une raison bien simple : j'ai cru la question trop ardue et surtout trop sensible pour en dire seulement quelques mots, aussi j'espère sous peu publier un petit travail à ce sujet sous le titre *Religion et Liberté*.

Pour aujourd'hui, je dirai aux âmes timorées et qui craignent pour leur idée religieuse, que la liberté ne peut que faire rentrer chaque religion dans le droit commun, que la liberté n'existerait plus si l'on pouvait troubler les croyances de quelqu'un.

Nimes. — Imprimerie ROGER et LAPORTE, place St-Paul, 5.